NOUVELLES CONSIDÉRATIONS

SUR

LA SUCCESSION D'ESPAGNE

ET

SUR LA CONVOCATION DES CORTÈS

AU 20 JUIN 1833.

PAR M. CLAUSEL DE COUSSERGUES,

ANCIEN DÉPUTÉ, ANCIEN CONSEILLER A LA COUR DE CASSATION.

Paris,

A. PIHAN DE LA FOREST,

IMPRIMEUR DE LA COUR DE CASSATION.

1er JUILLET 1833.

Il reste à la même librairie un petit nombre d'exemplaires de l'ouvrage suivant du même auteur :

Considérations sur la Révolution d'Espagne de 1820, et sur l'intervention de la France ; servant de développement à une *opinion* prononcée dans la séance de la Chambre des Députés, le 6 mars 1823, imprimée par ordre de la Chambre. Troisième édition. Prix 4 fr. et 5 fr. franc de port.

Cet ouvrage a été traduit en espagnol et en allemand.

———

L'écrit qui a précédé celui-ci est intitulé : *De la Succession au trône d'Espagne et de la Convocation des Cortès pour le 20 juin* 1833.

C'est à cet écrit que se rapporteront les renvois qu'on trouvera dans celui-ci.

CHAPITRE PREMIER.

Combien est importante, pour la France, la question sur la succession d'Espagne.

Nous avons fait remarquer (p. 9) que, conformément à un respectable usage des nations chrétiennes, qui s'est perpétué jusqu'au dix-septième siècle, don *Carlos* avait consulté sur ses droits les principales universités, tant en Espagne qu'au dehors (1); nous avons dit que le sentiment de la France avait eu pour organes, sur le même sujet, les écrivains royalistes qui se sont dévoués à défendre, dans les feuilles publiques de la capitale et des provinces, tous les principes tutélaires des sociétés; nous avons cité principalement une opinion d'un bien

(1) On trouvera les réponses sur lesquelles les universités d'Espagne, de Portugal et d'Italie ont été unanimes, dans un écrit aussi exact que curieux, intitulé : *La Vérité sur les événemens qui ont lieu pendant la maladie du roi,* par un légitimiste espagnol. Paris, *Dentu,* 1833.

grand poids, celle de M. de *Bonald* (p. 44).
L'on entend cependant de très bons Français
s'étonner qu'on puisse s'occuper, en France,
d'autres malheurs, d'autres dangers, que de ceux
qui touchent notre pays. Nous leur ferons remarquer d'abord que la cause des légitimistes de l'Europe est *une*, de même que la cause des révolutionnaires de l'Europe est *une* aussi, comme ils
savent si bien nous le montrer. Les intérêts de
leur faction en Pologne, en Allemagne, en
Belgique, en Piémont, dans les États pontificaux, à Naples, en Espagne, en Portugal, les
occupent autant, peut-être plus, que l'*ouest* et
le *midi* de la France. Voyez ce qu'a publié un
aide-de-camp de M. de *La Fayette.*

« En passant en revue les divers actes de la
« politique extérieure de La Fayette, après la
« révolution de juillet, j'aurais dû commencer
« par ses rapports avec la malheureuse Es-
« pagne. C'est, en effet, *de tous les peuples de*
« *l'Europe* celui pour lequel il a constamment
« lutté avec le plus d'intérêt et de *sollicitude.*
« Depuis la guerre impie de la restauration
« contre la constitution des cortès, depuis sur-
« tout le triomphe sacrilège que des soldats

(5)

« français eurent le malheur de remporter sur
« les libertés espagnoles, aux applaudissemens
« des despotes de l'Europe, La Fayette n'avait
« jamais cessé d'appeler cette croisade un crime
« national, et de demander, pour la nation op-
« primée, les réparations qui lui étaient dues. Il
« ne perdit jamais une occasion de venger la
« mémoire des victimes du tyran, et surtout
« celle de l'infortuné *Riego*.

« ...... Ces services n'étaient point les seuls
« qu'il rendit aux patriotes de la Péninsule.
« Il correspondait avec les diverses fractions
« du parti national , qui , dans leurs mal-
« heureux dissentimens , ne réunissaient pas
« moins leur confiance en lui. La Fayette s'était
« même imposé, pour le succès de leur cause
« et pour l'allègement de leurs souffrances in-
« dividuelles, des sacrifices hors de *proportion*
« *avec sa fortune privée.* »

« Telle était la situation respective de *La*
« *Fayette* et des patriotes espagnols, lorsque
« vint à éclater la révolution de juillet. Ce
« grand événement lui parut devoir décider du
« sort de l'Espagne ; le moment était décisif
« pour les deux pays ; *La Fayette* le sentit et

« voulut lier la cause de la France à celle de ce
« peuple voisin... (1) »

M. de La Fayette a raison ; mais si le *héros
des deux mondes* fournit des subsides à ses alliés
d'Espagne même hors de *proportion avec sa
fortune privée* (fortune si prodigieusement ac-
crue dans le nouveau monde), les royalistes de
France , que les révolutions n'ont pas enrichis,
et qui trouvent un emploi sacré de leurs res-
sources dans les besoins de tant familles de Paris
et des provinces, que la dernière révolution a
mises à la mendicité, ne doivent-ils pas du moins
donner des preuves de leur vif intérêt à la cause
des royalistes espagnols, en exposant les raisons
tirées du droit public de l'Europe, toutes favo-
rables à un prince, l'objet de l'estime et de
l'amour de l'Espagne?

La France, surtout la Bretagne et le Midi,
ont d'ailleurs un intérêt immense à conserver
avec l'Espagne leurs relations commerciales ; et
c'est ce qui explique comment, lorsqu'il fut
question à *l'assemblée constituante* (au mois de

(1) *La Fayette et la Révolution de* 1830 , par M. Sar-
rare jeune , aide-de-camp de *La Fayette* jusqu'au 26 dé-
cembre 1830. Paris , 1832 , t. 2 , p. 25, 26 et 29.

septembre 1789), des renonciations du petit-fils de Louis XIV au trône de France, la majorité, après trois jours de discussion, introduisit ce paragraphe dans la *constitution* :

« Rien *n'est préjugé* sur l'effet des *renoncia-* « *tions* dans la race actuellement régnante. »

Les députés du Midi, de toutes les opinions, et notamment l'ardent démagogue de la Provence, *Bouche*, insistèrent sur ces intérêts *matériels* qui étaient encore comptés pour quelque chose dans ces premiers temps de la révolution.

Ajoutons ici que cette délibération était parvenue au secrétariat de l'ambassade de France à Madrid, au moment même où l'ambassadeur de Naples et le ministre de France eurent connaissance du projet de la reine, femme de *Charles IV*, pour changer l'ordre de succession, et que ce fut le motif principal sur lequel le secrétaire d'ambassade de France insista le plus auprès du comte de *Florida - Blanca* : il représenta combien il serait affligeant pour Louis XVI de voir détruire, en Espagne, l'œuvre de Louis XIV au moment même où l'on déclarait, en France, vouloir conserver intacts les droits de la branche espagnole; et ce fut aussi après cet exposé que M. de *Florida-Blanca* nia la réalité du projet (1).

Les mêmes motifs des intérêts agricoles et commerciaux qui firent adopter cette résolution à l'assemblée constituante, décidèrent aussi le *centre* de la chambre des députés de 1823 à voter les *cent millions* destinés aux frais de l'intervention en faveur du roi et de la nation espagnole contre les conspirateurs qui avaient envahi le pouvoir en 1820.

Dans une cause commune, sous tant d'aspects, aux deux nations, nous croyons utile de montrer, premièrement, quelles furent les anciennes cortès qui proclamaient le *prince des Asturies;* deuxièmement, le peu de rapport qu'il y a eu entre l'assemblée du 20 juin 1833 et ces anciennes cortès; troisièmement, de faire remarquer l'illusion des hommes du *juste-milieu* qui gouvernent l'Espagne, en comparant leur système avec celui qui a trompé, en France, les hommes du même caractère ou du même parti, depuis 1816 jusqu'en 1830.

(1) Voy. ci-dessus, p. 25, 55 et 56. Nous avons déjà dit que nous garantissions l'exactitude de tout ce que nous avons rapporté à ce sujet.

CHAPITRE II.

Des cortès d'Espagne ; des états-généraux de France ; des droits semblables de ces corps politiques, particulièrement pour le jugement des contestations relatives à la succession à la couronne.

On a vu, dans ce qui a été dit sur les cortès de 1329, de 1348 et de 1713 (p. 33, 34 et 17), que la composition des *cortès* était la même que celle de nos états-généraux. Ces deux corps votaient également les impôts, et délibéraient sur les grandes affaires de l'État. Quant à la succession à la couronne, de même que les *états-généraux* de France, assemblés, l'an 1316, après la mort de *Louis X,* en l'an 1328, après la mort de *Charles IV,* prononcèrent sur cette grande cause nationale ; de même, après la mort d'*Alphonse X,* roi de Castille, se trouvant deux concurrens au trône, l'un, petit-fils du roi, par son fils aîné, décédé ; l'autre, l'aîné de ses fils vivans, les *cortès* de 1284 prononcèrent en faveur de ce dernier, qui régna sous le nom de *Sanche IV.*

Il y eut dans ce jugement une chose fort re-
marquable, sous l'aspect des droits politiques de
la Castille. Jusqu'au règne d'*Alphonse X*, il n'y
avait pas eu de loi sur la succession à la couronne ; les *cortès* prononçaient d'après les an-
ciens usages. *Alphonse X* rédigea le code de
las sette partidas, dont le titre, invoqué aujourd'hui par les ministres de *Ferdinand VII*,
donnait le trône au fils du fils aîné du roi ; mais
les *cortès* n'eurent aucun égard à la disposition
de cette loi, par la raison que le code n'avait
pas été adopté par les *cortès :* il ne le fut, comme
on l'a déja dit, que sous le petit-fils d'*Alphonse X*, en l'an 1348.

De même, en Aragon, le roi *Martin* n'ayant
point laissé d'enfans, les *cortès* de 1412 nom-
mèrent neuf juges qui prononcèrent, entre plusieurs concurrens, en faveur d'un prince de
Castille, qui fut couronné sous le nom de *Ferdinand le Juste*.

CHAPITRE III.

Des cortès convoquées par les rois d'Espagne, pour faire prêter serment à leurs successeurs ; que les anciennes formes n'ont pas été observées dans la cérémonie du 20 juin 1833.

Plusieurs siècles après *Pélage*, les rois continuèrent à être électifs; mais ils étaient toujours choisis parmi les descendans de ce second fondateur de la monarchie. Dans la vue de prévenir des dissentions civiles après leur mort, et pour assurer la couronne à l'un de leurs enfans ou à un proche parent, ils introduisirent l'usage de proposer, de leur vivant, aux *cortès* de prononcer sur ce choix, et de prêter serment à l'héritier élu.

Les premiers rois de France, de la troisième race, prirent la même précaution ; mais la loi salique ayant bientôt pris de nouvelles racines, *Philippe - Auguste*, sixième descendant de *Hugues-Capet*, ne crut plus nécessaire d'associer son fils au trône en le faisant sacrer de son vivant. L'incertitude des lois de succession en

Espagne y a , par la raison contraire , perpétué cet usage. Voici quelle fut la formule de convocation adressée aux villes et bourgs ,par *Ferdinand* et *Isabelle* , en 1474. « Nous vous man-
« dons qu'aussitôt la présente reçue , vous ayez
« à *rassembler votre municipalité* dans la forme
« accoutumée , pour élire et désigner deux
« bonnes personnes , d'un sens droit et suffi-
« sant pour députés aux *cortès*..... et que vous
« les envoyiez en notre cour, avec vos *pouvoirs*
« pour prêter serment , et rendre foi et hom-
« mage à notre fille bien-aimée , comme héri-
« tière présomptive de nos royaumes de Cas-
« tille et de Léon..... Vous prévenant que passé
« le terme du mois de mars prochain , les *cortès*
« s'ouvriront.... et que les *affaires qui y seront*
« *traitées* se résoudront entre nous et les dé-
« putés présens..... »

La formule du serment , telle qu'elle fut d'u-sage dans le même siècle , nous a été conservée. « Nous..... députés de la ville de *Burgos* , ju-
« rons sur le signe de la croix et les saints
« Évangiles , et sur les *ames de ladite ville* ,
« qui nous a députés à cet effet.... que les ha-
« bitans de ladite ville obéiront à ladite dame

« *infante Marie*, comme reine de Castille et
« de Léon.... »

On voit par ces pièces que les députés devaient être élus par les corps municipaux , et que ces députés représentaient si bien les volontés des habitans de leur ville, qu'ils exprimaient les engagemens de *conscience* de chaque habitant.

Remarquons encore que ces *cortès* n'étaient point convoquées pour une pure cérémonie, puisque des souverains, au comble de la gloire et de la puissance, tels que Ferdinand et Isabelle s'exprimaient ainsi : « Les affaires qui seront « traitées aux *cortès* se résoudront entre nous « et les députés présens. »

Un antique usage, cher à la nation, avait déposé les pouvoirs politiques et administratifs de chaque ville, dans des corporations municipales composées des chefs de familles les plus respectées. Cet ordre a été renversé sous la régence de la reine, épouse de Ferdinand VII : les anciennes municipalités ont été arbitrairement remplacées, et par des hommes appartenant à la faction sur laquelle cette princesse a voulu appuyer le trône de sa fille. Ces hommes ne représentent que leur parti ; et les *ames* de leur ville sont tout-à-fait étrangères à leur serment.

Remarquons de plus, dans la citation des termes de la convocation des *cortès*, faite par *Ferdinand* et *Isabelle*, pour la reconnaissance de leur fille comme princesse des Asturies, que ces souverains s'exprimèrent ainsi : « Les députés « devront se trouver à notre cour à la moitié « du mois de mars.... vous prévenant que les « affaires qui seront traitées se résoudront *entre* « *nous et les députés* qui se trouveront alors « dans notre cour. » Les deux *états* du clergé et de la noblesse devaient donc assister, dans les formes constitutionnelles, aux cortès appelées pour prêter serment au prince des Asturies comme à toute autre assemblée des cortès , puisqu'ils devaient *y résoudre les affaires avec les souverains* ; mais, au 20 juin 1833, le clergé et la noblesse n'ont pas été appelés en corps. Le primat d'Espagne, l'archevêque de *Tolède* , qui a eu seul, et de tous les temps, le droit de recevoir le serment et du monarque et des sujets, a refusé d'y remplir ses fonctions. Les journaux ont annoncé que l'archevêque de *Sé-*

ville, qui a le second rang après l'archevêque de *Tolède,* s'était refusé à le remplacer. Des membres du clergé et de la noblesse ont cédé à la volonté du roi, en prêtant ce serment; mais ils ne représentaient ni leur *ordre* ni la nation. Les *trois états* conservent donc toute leur liberté, tous leurs droits, pour prononcer sur la succession.

La nation espagnole possède, à d'autant plus de titres, ses droits relatifs à la proclamation du *prince des Asturies,* qu'ils dérivent de l'*élection* qui s'y est si long-temps perpétuée, à la différence des *Anglo-Saxons* et des *Francs* qui établirent l'*hérédité,* les premiers, dès la conquête de la Grande-Bretagne, les seconds, dès leur admission dans les Gaules. *Charles-Martel* détruisit ou repoussa les Mahométans au-delà des Pyrénées, et il établit l'hérédité dans la seconde dynastie. *Robert le Fort* arrêta les incursions des *Normands,* et il jeta les fondemens de la troisième. Après mille ans, la loi salique montre au monde l'héritier de ce héros dans un enfant de treize ans. L'incertitude de la loi d'Espagne réclamait, pour le choix des princes, un corps délibérant, non une vaine cérémonie.

CHAPITRE IV.

De la lutte de l'Espagne contre la révolution ; de l'état actuel de l'Espagne.

Pour juger de l'état de l'Espagne, il est nécessaire de reporter ses souvenirs sur les sentimens qui s'y sont manifestés depuis les premières années de la révolution française. Nous citerons d'abord deux écrivains *libéraux*. » Si l'attentat « du 21 janvier (dit M. de *Pradt*) glaça l'Europe « d'effroi, il porta la flamme dans le cœur « des Espagnols.... tous les bras s'offrirent et « toutes les bourses s'ouvrirent..... L'Espagne « offrit en don volontaire, pour la guerre de « 1793, la somme de 75 millions..... » Le ministre de France, M. *Bourgoing*, fut obligé de quitter l'Espagne. La *Convention*, trompée par d'anciennes traditions, avait espéré de soulever la Catalogne ; « mais les Catalans « (dit M. *Bourgoing*) se montrèrent plus sus- « ceptibles encore d'être électrisés par le *fa-* « *natisme* que par la *liberté*, et les prêtres

« parvinrent facilement à déjouer les menées
« des *missionnaires* de la révolution. »

La fidélité du peuple espagnol ne fut pas se-
condée par le gouvernement. L'homme funeste
qui signa la paix avec la *Convention*, fit un traité
d'alliance avec le *Directoire* : et cette alliance,
que l'Espagne subit pendant treize années, a oc-
casioné tous ses malheurs. L'invasion de Buo-
naparte en 1808, l'enlèvement du roi et de la
famille royale , firent soulever toute l'Espagne.
« Nous ne voulons pas de révolution (lisait-on
« dans la proclamation de la *junte centrale* qui
« se forma à Séville) ; Espagnols, votre liberté,
« votre roi, votre religion, vos espérances dans
« un monde meilleur , que cette religion peut
« seule offrir à vous et à vos descendans, tout
« cela est en péril... » La défense de *Saragosse*
annonça à Napoléon qu'il ne subjuguerait jamais
un peuple résolu à se sacrifier pour sa religion
et pour ses lois.

Mais pendant l'alliance qui avait précédé l'invasion , des communications continuelles s'é-
taient établies entre les deux pays: la *philosophie*
française se propagea d'abord parmi les jeunes
officiers de l'armée espagnole ; elle se répandit

ensuite dans l'université de Salamanque, et se
fit ainsi des adeptes dans toutes les parties de
l'Espagne. Ces nouveaux sectateurs du matéria-
lisme ne se trouvèrent plus disposés à mourir,
comme les habitans de Saragosse, autour de
leurs églises. Ceux qui purent quitter leur pays
gagnèrent les provinces qui n'étaient pas encore
le théâtre de la guerre : ils finirent par se réunir
dans la presqu'île inexpugnable de Cadix, et là,
de concert avec des colons américains, les uns
et les autres sans mission, ils rédigèrent cette
constitution de 1812, qu'en 1814, toutes les
provinces d'Espagne supplièrent Ferdinand VII
de ne pas reconnaître, et qu'en 1820, une conspiration, soudoyée par les révolutionnaires de
l'Amérique espagnole, força ce prince d'ac-
cepter.

Aussitôt que le pouvoir eut passé entre les
mains de la faction, elle exerça la persécution
la plus atroce contre le clergé et contre tous les
hommes distingués par leur fidélité. Le roi et la
famille royale étaient tous les jours insultés.
D. Carlos fut condamné, par sentence d'un tri-
bunal, à une sorte de peine qui équivaut à la
détention du Code pénal français ; enfin dans

l'horrible journée du 7 juillet 1822, la majesté
royale, première garantie que le ciel ait donnée
à la tranquillité des peuples, fut peut-être plus
outragée qu'elle ne l'avait été dans les personnes
de Louis XVI et de Charles Ier. Les souverains
de l'Europe se réunirent à Vérone, le mois de
septembre suivant ; l'armée française passa la
Bidassoa le 6 avril 1823, elle entra dans Madrid
le 24 mai, arriva devant Cadix le 30 août ;
le 1er octobre, le roi d'Espagne embrassa l'héritier de la couronne de France au port Sainte-
Marie.

Selon les calculs de M. de *Pradt*, qui n'ont
pas été contredits, Napoléon, dans six années
de guerre, perdit, en Espagne, six cent mille
hommes, et dépensa six cent millions. On est
d'accord que, dans ces six mois de campagne,
les cent mille hommes de l'armée de M. le dau-
phin n'en perdirent guère que trois mille, à
peu près le même nombre qu'ils auraient perdu
dans leur garnison dans le cours d'une année.
Ce fut donc l'Espagne qui alla au-devant du
prince français ; et lorsque l'aide-de-camp de
M. de La Fayette célèbre les efforts que son général n'a cessé de faire en faveur des révolu-

tionnaires espagnols, il reste bien démontré que c'est au peuple espagnol, à sa *volonté générale*, que cet ami de la *liberté* fait la guerre au profit de ses oppresseurs.

Le roi d'Espagne ayant été rétabli sur son trône, au mois d'octobre 1823, c'est son peuple qui s'est chargé de garantir l'Espagne des nouvelles tentatives des conspirateurs. Partout il s'est armé sous le nom de *volontaires royaux*; la troupe soldée n'a plus été chargée de réprimer les entreprises qui ont eu lieu sur les frontières. Mais, le 7 octobre 1832, une révolution de palais a remis le pouvoir entre les mains de la même faction qui s'en empara par une révolution de palais, le 25 mars 1820 ; les *corps des volontaires royaux* ont été partout dissous et désarmés ; les capitaines-généraux et les intendans des provinces, en place depuis la restauration de 1823, tous destitués ; les antiques municipalités d'Espagne, si révérées, changées en agens du ministère ou de la faction. Cette faction n'a plus qu'à calculer le moment opportun pour publier une troisième fois la constitution de *Cadix*.

Les ministres du *tiers-parti*, MM. de *Zéa* et d'*Offalia*, et leurs collègues peuvent-ils arrêter la marche de cette révolution? Ils veulent, disent-ils, conserver les anciennes lois ; mais ils veulent en confier l'exécution à des hommes qui sont en conspiration ouverte contre ces lois. Un célèbre publiciste leur dirait « Combien est « vaine , combien futile, combien présomp- « tueuse l'opinion que *les lois font tout* ? « combien faible et pernicieuse est la conclu- « sion qu'on en tire, *qu'il faut* s'occuper *des* « *choses et non pas des hommes!* (1) » Mais les ministres de Ferdinand VII n'ont pas besoin de chercher des instructions si loin : M. le *duc de Richelieu* était, certes, un très honnête homme, très attaché à la monarchie, très fidèle au roi légitime ; cependant pour avoir voulu prendre un *tiers-parti* entre la révolution et la chambre de 1815, il fera dire à l'histoire qu'une pareille erreur devait amener, d'une manière presque inévitable, la révolution de 1830.

(1) *Histoire des deux derniers rois de la maison des Stuarts,* par Ch. Fox , chap. Ier.

CHAPITRE V ET DERNIER.

*De la protestation de don Carlos ; de la lettre du roi à son frère ;
de l'État de l'Espagne après la retraite de don Carlos , et
après la cérémonie du 20 juin 1833.*

Il est nécessaire de remettre sous les yeux
des lecteurs la lettre et la protestation de don
Carlos.

« Mon très cher frère et roi,

« Mon secrétaire Plazaola est venu me dire ce
matin à dix heures que Cordova, ton ministre
près cette cour, désirait que je lui désignasse une
heure pour me communiquer un ordre royal.
Je lui répondis de suite qu'il pouvait venir à
midi. S'étant présenté à une heure moins quelques
minutes, je l'ai fait entrer immédiatement.
Il m'a communiqué ledit ordre , et après en
avoir pris connaissance, je lui ai répondu que
ma dignité et mon caractère ne me permettaient
que de répondre directement ; que tu étais non-
seulement mon roi et mon maître, mais encore
mon frère, un frère bien aimé, que j'ai eu le
bonheur d'accompagner dans tous ses malheurs.

« Tu veux savoir si j'ai l'intention de jurer fidélité à ta fille, comme princesse des Asturies. Combien je désirerais pouvoir le faire ! Tu dois croire à la sincérité de ce que je te dis ; car tu connais le fond de mon cœur. Oui, je m'estimerais heureux d'être le premier à jurer, et de ne pas te causer ce déplaisir et tous ceux qui seront la conséquence de mon refus ; mais ma conscience et mon honneur ne me le permettent pas. Mes droits à la couronne sont tellement sacrés, que je ne puis y renoncer ; droits que Dieu m'a donnés lorsqu'il m'a accordé l'existence, et que lui seul peut m'ôter en te donnant un enfant mâle, ce que je désire autant et peut-être plus que toi.

« Je défends, outre cela, la justice des droits de tous ceux qui viennent après moi. Je me vois donc obligé de t'envoyer la déclaration ci-jointe, que je fais avec la plus grande solennité à toi et à tous les souverains, auxquels j'espère que tu voudras bien en donner communication.

« Adieu, mon cher frère, sois bien convaincu que je serai toujours ton ami, et que je te recommanderai dans mes prières.

« Ton très affectionné frère, Carlos.

« 29 avril, 1833. »

« Sire, moi Charles-Marie-Isidore de Bourbon, infant d'Espagne, bien convaincu de la légitimité des droits que j'ai à la couronne d'Espagne dans le cas où survivant à V. M. elle ne laissera pas d'enfant mâle, je dis que ma conscience et mon honneur ne me permettent pas de jurer ni de reconnaître d'autres droits. Telle est ma déclaration.   CARLOS.

« Palais de Ramaillou (en Portugal), 29 avril 1833. »

Six jours après, les ministres ont envoyé à don Carlos la lettre suivante :

« Madrid, le 6 mai 1833.

« Mon très cher frère Carlos,

« Je n'ai jamais douté de ton affection pour moi, j'espère que tu ne doutes pas davantage de celle que j'ai pour toi; mais je dois veiller aux intérêts de mes droits, à ceux de mes filles, de même qu'à ceux de ma couronne. Je ne veux pas non plus faire violence à ta conscience en te faisant renoncer à tes *prétendus droits* que tu crois que Dieu seul peut t'ôter, quoiqu'ils ne soient fondés que sur la décision des hommes. Mais l'affection fraternelle que j'ai toujours euc pour toi me décide à t'éviter les dégoûts que tu éprouverais dans un pays où tes droits sont méconnus. Mes devoirs de roi m'obligent à éloigner la présence d'un infant dont les prétentions pourraient servir de prétexte d'inquiétude aux mécontens. Des raisons de la plus haute politique, les lois du royaume qui l'ordonnent expressément, ta propre tranquillité qui m'est aussi chère que le bien de mes peuples, ne te permettant plus de retourner en Espagne, je t'autorise à te diriger tout de suite, avec ta famille, vers les états pontificaux; tu me donneras avis de ton arrivée et du lieu que tu auras choisi pour y fixer ta résidence : un de mes bâtimens de guerre arrivera incessamment au port de Lisbonne pour y être à ta disposition. L'Espagne est indépendante de toute action et de toute influence étrangère en ce qui touche son administration intérieure, et j'agirais contre la libre et complète indépendance de ma couronne en violant le principe de non intervention adopté généralement par tous les souverains de l'Europe, si je leur faisais la communication que tu me demandes dans ta lettre. »

Quand on ne saurait pas, par les lettres du Portugal et d'Espagne, que don Carlos a écrit seul sa lettre, et que les ministres ont écrit celle du roi, la lecture seule de ces pièces le prouverait. Ces mots si remarquables de la lettre de l'infant : « Mes droits que Dieu m'a donnés « lorsqu'il m'a donné l'existence, et que lui « seul peut m'ôter, en te donnant un enfant « mâle ; *ce que je désire autant et peut-être* « *plus que toi,* » sont des sentimens que l'on ne peut exprimer à la face d'un royaume, que lorsque tous, amis et adversaires, savent qu'ils sont la fidèle image du cœur du prince.

Don Carlos voulait passer en Italie sur un vaisseau des *États-Unis ;* il voit dans la lettre qui lui est transmise, au nom du roi, qu'un bâtiment de la marine royale lui est envoyé : il n'hésite pas à confier sa personne et celles de ses trois fils à un capitaine de vaisseau, nommé par un ministère qu'il peut considérer comme ennemi. Les sollicitudes qu'on éprouve dans la Péninsule pour une famille aussi précieuse, et que font connaître les lettres qui parviennent en France, n'ont pu ébranler le prince : il croit devoir obéir au roi son frère, même lorsqu'il n'est plus dans ses états, et il se confie en la Providence.

On a fait beaucoup d'observations sur la lettre publiée au nom du roi, dans les papiers publics. On y joindra deux remarques. La lettre se sert de ces expressions, en s'adressant à don Carlos : Tes *prétendus droits*. On a rappelé que ces *prétendus droits* étaient fondés sur une loi de Philippe V, loi que ses deux fils, *Ferdinand VI* et *Charles III*, et son petit-fils, *Charles IV*, avaient juré de maintenir ; mais il faut ajouter, sur ce dernier monarque, que, selon l'usage, il prêta ce serment, en 1789, au nom de son fils, le prince des *Asturies*, âgé de six ans, aujourd'hui Ferdinand VII ; et les membres des cortès le prêtèrent de même. Il est donc démontré, par le fait de cette seule cérémonie et de ce serment, qu'en se chargeant de la procuration de leurs villes, les députés aux *cortès* n'avaient pas reçu les pouvoirs de voter le changement de la loi de succession. Or, ces pouvoirs sont nécessaires en Espagne, conformément au point de droit public le plus incontestable, ainsi qu'en est même convenu le seul Espagnol qui ait publié son opinion à

Paris, en faveur du système actuel du gouvernement espagnol (1).

Ainsi, pour soutenir le système des ministres de Ferdinand VII, il faudrait supposer, premièrement, que les députés ont reçu des pouvoirs de prêter serment au prince des Asturies et aux lois du royaume, parmi lesquelles se trouvait en première ligne la loi fondamentale de la succession dans la dynastie régnante; deuxièmement, que ces députés, arrivés dans l'assemblée des cortès, auraient juré de maintenir ces lois, conformément aux vœux de leurs commettans, et que, dans cette même assemblée des cortès, on les vit transgresser la procuration de leurs commettans, et violer le serment qu'ils venaient de prononcer. Tout cela

(1) Voy. le *Journal de Paris* du 29 juin 1833, dans lequel M. *A. Muriel*, homme de lettres espagnol, établi à Paris depuis plusieurs années, a inséré un long et important article sur cette question. L'aveu que fait cet écrivain relativement aux pouvoirs que les députés aux *cortès* doivent avoir reçus de leurs commettans, se trouve au deuxième alinéa de la deuxième colonne de cet article. M. *Muriel* a fait des observations critiques sur mon précédent écrit : nous croyons y avoir complètement répondu, ou dans cet écrit même, ou dans celui-ci.

est absurde comme la pièce même attribuée à ces cortès, qui est cependant la base unique du système des ministres.

Mais la dernière phrase de la lettre que les ministres ont envoyée à don Carlos mérite de bien plus hautes considérations. L'infant avait ainsi terminé sa lettre : « Je me vois donc obligé « de t'envoyer la déclaration ci-jointe, que je « fais avec la plus grande solennité, à toi et à « tous les souverains, auxquels j'espère *que tu* « *voudras bien en donner communication.* »

On lit cette phrase dans la lettre euvoyée au prince, au nom du roi : « L'Espagne est « indépendante de toute action et de *toute in-* « *fluence étrangère.....* » De quelle influence est-il question ici ? C'est de celle des trois grands souverains qui s'assemblèrent à *Vérone*, en 1822, qui résolurent d'unir leurs forces pour délivrer Ferdinand, alors prisonnier à Cadix, et qui ne consentirent qu'avec peine que le chef de la maison de Bourbon se chargeât seul, (comme la gloire et les intérêts de la France l'exigeaient), de rétablir la seconde branche des descendans de Louis XIV. Ce sont bien les ministres, et non le roi, qui ont écrit ces lignes, lesquelles se trouvent d'ailleurs, à peu près avec les mêmes mots, dans une des feuilles de leur *Gazette officielle* du mois d'avril dernier (1).

C'était bien pour les affaires *intérieures* de l'Espagne, et à cause des violences exercées par les prétendues *cortès* d'Espagne contre l'autorité légitime et la personne même du roi d'Espagne que les puissances intervinrent ; et ce ne pourrait être contre l'influence de ces monarques que Ferdinand VII aurait eu la pensée de réclamer. Lorsque, dans la chambre des députés de France, le ministre des *affaires étrangères* signala la nécessité de l'intervention du roi de France en faveur du roi et du peuple d'Espagne, il cita ces paroles de l'empereur *Alexandre*, prononcées, pendant le congrès de Vérone, par ce grand prince, dans un entretien avec ce même ministre : « Il s'agit bien de quelques in-« térêts particuliers, *quand le monde civilisé* « *est en péril...* il n'y a plus qu'une politique « générale qui doit, pour le salut de tous, être « admise en commun, *par les peuples et les* « *rois....* Non, je ne me séparerai jamais des

(1) Voy. cet article de la *Gazette de Madrid* dans la *Gazette de France* du 11 avril.

« monarques auxquels je suis uni : il doit
« être permis aux rois d'avoir des alliances
« publiques *pour se défendre contre les sociétés*
« *secrètes...* (1) »

Dans le même temps, les auteurs de la révolution d'Espagne célébraient le triomphe de
leurs *sociétés secrètes*. Les révélations de ce
genre ont été si multipliées qu'elles n'excitent
plus la curiosité, mais il est cependant nécessaire de les recueillir. M. le comte de *Toreno*,
l'un des auteurs de la constitution de Cadix,
chargé, en 1822, des affaires des *cortès* à Paris,
y fit imprimer leur apologie. A la suite de son
livre, était une sorte de commentaire en forme
de lettres, écrites par un autre espagnol, ami
de l'auteur, où on lisait : « Vous vous rappelez,
« sans doute, que Voltaire a défini la *maçon-*
« *nerie*, une société *qui n'a jamais rien* fait et
« qui ne *fera jamais rien*. Eh bien! la *maçon-*
« *nerie*, en Espagne, a donné un démenti à
« Voltaire, puisque c'est elle qui disposa les

(1) Discours sur la guerre d'Espagne, prononcé, dans
la chambre des députés, par M. de Châteaubriand, ministre des affaires étrangères, le 24 février 1823.

« officiers de l'armée d'Andalousie à délivrer
« leur patrie du despotisme (1). »

Après le succès de la conspiration militaire
se forma la fameuse société des *communeros*.
M. de *Martignac*, dans des pages très-curieu-
ses et très effrayantes sur ces sociétés, rapporte
les engagemens qu'on y prend... « Je jure, si
« quelque *communero* manquait en tout ou en
« partie à son serment, de le *mettre à mort* dès
« que la confédération l'aura déclaré traître ;
« et si je viens à manquer à tout ou partie de
« mes sermens sacrés, je me déclare moi-même
« traître, méritant que la confédération me
« *condamne* à une mort infâme... (2) » Ces
sociétaires qui, sous différens noms, ne cessent
d'aller au même but, se vantaient, en 1822,
d'être au nombre de 500,000. M. de *Martignac*
croit qu'on peut les réduire à 170,000. On a
vu à la deuxième page de cet écrit, que M. de
La Fayette et ses amis faisaient de grandes dé-
penses pour remettre sur pied de si grandes forces. Cependant avant la révolution de palais du

(1) Paris, chez *Coréard*, 1822, p. 109.

(2) Essai historique sur la révolution d'Espagne, par
M. le vicomte de Martignac, p. 320.

7 octobre 1822 , les *communeros* et les *maçones* avaient en face trois à quatre cent mille volontaires royaux répandus partout , et partout protégés par les capitaines-généraux des provinces , et par les fonctionnaires civils , tous dévoués; néanmoins *Torijos* venait déclarer la guerre au roi d'Espagne avec quelques centaines d'hommes , et les chefs de la révolution européenne comptaient sur le succès. Aujourd'hui ce succès est dans leur main : en gens habiles, il ne leur reste plus qu'à calculer le moment de l'attaque.

Dans cette position de l'Espagne , qu'il est impossible de contester, les *légitimistes* de France , qui voudraient que la *pragmatique* de Philippe V continuât à être le principe de l'union des deux peuples, ne défendent-ils pas également la cause de Ferdinand VII et celle de don Carlos? C'est ce qu'il est facile de montrer.

Le roi d'Espagne ne s'occupe , depuis dix mois, que de l'avenir des deux princesses , ses filles; mais quel serait, après lui, le sort de la plus infortunée, de celle à qui l'on imposerait la couronne? La reine, sa mère, verrait le clergé, la noblesse , et le peuple , peut-être avec plus de zèle que la noblesse, demander l'assemblée *régulière* des *cortès*, pour prononcer sur la succession : cette princesse ne pourrait-elle pas être entraînée à recourir aux *cortès*, en une *chambre unique*, conformément à la constitution de *Cadix?* Si elle obtenait ce funeste triomphe, dès ce jour, prisonnière dans le palais, *elle règnerait et ne gouvernerait pas* : ses seigneurs et maîtres, et *maîtres absolus*, seraient *Valdès* ou *Mina*.

Les outrages subis par le roi, son époux, de 1820 à 1823, les signatures qu'on lui demandait, chaque jour, pour faire, en son nom, une guerre cruelle et constante à tout ce qu'il y a de sacré, serait l'histoire de sa régence : qu'elle examine s'il n'arriverait pas un terme où elle voudrait s'arrêter, comme le fit Ferdinand, dans une aussi malheureuse carrière, en s'exposant à rendre sa captivité plus complète et plus dure !

Encore si ces *vainqueurs* qui veulent que les rois *règnent* et *ne gouvernent pas*, n'obligeaient pas ces êtres les plus infortunés et les plus avilis dont on puisse avoir l'idée, puisque en les privant de tout usage de leur libre arbitre, on les force à se dire libres ; si, disons-nous, on ne les obligeait pas à donner leur signature, et qu'on se contentât de mettre leur nom au bas des ordres des maîtres de l'état, par une *estampille*, comme le faisait le conseil de Suède avant la révolution de *Gustave III*, leur vie pourrait être supportable; puisque leur conscience serait en repos. Mais c'est un adoucissement auquel les *philosophes-législateurs* de notre temps n'auraient garde de consentir : ils veulent que les rois qu'ils ont faits soient complètement avilis avant d'être détrônés, comme l'a été don *Pedro*, et comme le seraient aussi déja tous ces souverains d'Allemagne, devenus *constitutionnels* (1), selon les doctrines de *Rousseau*, de *Diderot*, de *Sieyes*, de *B. Constant*, si ces princes qui ont ainsi échangé l'antique sceptre

(1) On ne confondra pas avec ces *constitutions* la *charte* que donna Louis XVIII, *de son propre mouvement*, et telle qu'il *voulut* la donner, en se tenant *dans les limites* fixées par l'ordonnance de Louis XVI, du 23 juin 1789, conforme aux traditions de *nos anciennes lois*.

Si la France, malgré le vœu de la totalité de la nation (moins cette faction qui est parvenue, avec le *savant* emploi de *tant de millions*, et par tant de moyens, *dont elle a elle-même publié la nature*, à faire arriver ses chefs à la chambre des députés), si la France, disons-nous, a vu Charles X perdre son trône, c'est *principalement*, parce que dès le mois de juillet 1815, ensuite en 1817 et en 1819, des ministres violèrent ou *faussèrent* la charte, en faisant tourner contre l'autorité royale, les dispositions où elle devait trouver une éternelle sécurité.

de leurs pères, ne trouvaient un puissant appui dans les deux vrais monarques de cette grande nation.

Qu'on nous permette de remarquer, en finissant, que dans l'état où l'on a jeté l'Espagne depuis six mois, c'est un très grand bonheur pour la Péninsule que les *communeros* et les *maçones* ne puissent pas mettre la main sur toutes les personnes de la famille royale comme le fit *Murat* au mois de mai 1808, et *Ballesteros*, en 1820. Tant que don Carlos et ses trois fils seront en Portugal ou en Italie, l'immense majorité de l'Espagne saura toujours autour de qui se réunir : le triomphe d'une aussi immense majorité, animée des mêmes sentimens religieux et monarchiques, sera toujours assuré : le roi lui-même, la reine *Christine* et les princesses, ses filles, trouveraient dans le meilleur des frères et dans un second père, le meilleur des pères leur plus solide garantie contre le retour des infortunes royales, qui n'ont pu prendre fin, en 1823, que par les efforts réunis de l'Espagne et de la France.

FIN.

IMPRIMERIE D'A. PIHAN DE LA FOREST,
rue des Noyers, n° 37.

EXTRAIT

du Catalogue des Livres

QUI SE TROUVENT

CHEZ A. PIHAN DE LA FOREST,

IMPRIMEUR, RUE DES NOYERS, N° 37.

SOUSCRIPTION.

COURS D'HISTOIRE DES ÉTATS EUROPÉENS, depuis le bouleversement de l'empire romain d'Occident jusqu'en 1789 , 48 vol. in-8°, y compris des tables des matières qui peuvent tenir lieu du dictionnaire historique le plus complet , par M. Schœll , conseiller intime du roi de Prusse, auteur de l'*Histoire des traités de paix* , etc.

Cette histoire est divisée en quatre grandes parties , dont chacune fait un corps d'ouvrage particulier , et se compose de 12 vol. avec la table des matières.

PREMIÈRE PARTIE. *Histoire complète de l'Europe au moyen âge, depuis 476 jusqu'en 1453.* Ces siècles comprennent l'origine de tous les Etats de l'Europe, grands et petits, ainsi que l'origine , les progrès et la décadence de la puissance pontificale.

DEUXIÈME PARTIE. *Histoire de l'Europe depuis 1453 jusqu'en 1618.* Epoque de l'origine et du perfectionnement des arts, de la renaissance des belles-lettres, de la découverte d'une nouvelle route aux Indes et d'un nouveau monde , qui causa une révolution dans la civilisation et le commerce; d'une révolution religieuse qui ébranla la plus grande partie de l'Europe. C'est encore l'époque où les sciences exactes , naturelles et historiques ont commencé à devenir vraiment des sciences ; c'est celle où les Etats modernes et nos législations ont revêtu définitivement leurs formes.

TROISIÈME PARTIE. *Histoire du dix-septième siècle , depuis 1618 jusqu'en 1713,* c'est-à-dire depuis la guerre de trente ans jusqu'à la paix d'Utrecht. C'est l'époque où la politique commence à jouer le rôle principal.

QUATRIÈME PARTIE. *Histoire du dix - huitième siècle depuis 1713 jusqu'en 1789.*

L'auteur a fondu dans ces deux dernières parties son *Histoire des traités de paix* , dont il a renoncé à donner une seconde édition , qui était toute préparée. On conçoit qu'en incorporant ce travail dans son *Cours d'histoire* , il a dû en changer l'ordonnance pour mettre chaque traité à la place qu'il doit occuper dans une histoire générale.

Le but de ce grand ouvrage est de fournir aux gens du monde qui veulent s'instruire, aux hommes en place qui désirent se rappeler leurs anciennes études, et aux jeunes gens qui se destinent à une carrière politique ou administrative, une lecture utile et agréable qui puisse leur tenir lieu d'une bibliothèque historique entière ou d'un répertoire complet d'histoire moderne, politique, civile et ecclésiastique. Pour atteindre ce but, il fallait n'omettre aucun fait, aucune date de l'histoire depuis 476 ayant quelqu'importance ; il fallait, dans le style, éviter d'un côté les longueurs, les déclamations, les réflexions oiseuses, et de l'autre, une brièveté qui pouvait dégénérer en sécheresse et dégoûter le lecteur. La clarté, la précision, l'exactitude sont des qualités dont M. Schœll s'est efforcé de faire preuve. Il s'est surtout attaché à faire connaître l'origine de toutes les institutions. Ami de la liberté qui, d'après sa conviction, ne peut exister que sous des lois sages, il signale tout acte arbitraire ou despotique, qu'il ait été commis sous un gouvernement monarchique, ou par les chefs d'une république, et il fait voir que le despotisme ne tient pas plus à une forme de gouvernement qu'à l'autre.

Les 38 premiers volumes sont en vente.

NOUVELLES PUBLICATIONS.

ESSAIS DE PHILOSOPHIE, DE POLITIQUE ET DE LITTÉRATURE, par Frédéric **ANCILLON,** de l'Académie royale des sciences et belles-lettres de Prusse (actuellement ministre des Affaires Étrangères à Berlin). 4 vol. in-8o. Paris, 1832. Prix 24 fr.

(Une NOTICE sur cet ouvrage se distribue *gratis*.)

NOUVEAU TRAITÉ THÉORIQUE ET PRATIQUE SUR LES SEMIS ET LES PLANTATIONS DES ARBRES, *suivi d'une Notice sur les Moyens de prévenir la dégénération des arbres fruitiers, et de créer de nouvelles variétés et des hybrides ou mulets;* par **J. N. LARDIER,** de l'Académie de Marseille, et de plusieurs Sociétés d'Agriculture. Un vol. in-8o, avec couverture imprimée. 5 fr. et 6, 50 cent. par la poste.

DE LA VENDÉE EN 1832, par M. le vicomte **DE LEZARDIERE,** ancien député. 1 fr. 50 c.

CATALOGUE DES POINÇONS, COINS ET MÉDAILLES DU **MUSÉE MONÉTAIRE** *de la Commission des Monnaies et Médailles.* 1 vol. in-8o de 562 pages, avec couverture imprimée. 5 fr.

DE LA CAPTIVITÉ DE MADAME LA DUCHESSE DE BERRY. 1 vol. in-8o de 280 pages, avec couverture imprimée. 5 fr.

DES TROIS SYSTÊMES DE GOUVERNEMENT, *de la Souveraineté du Peuple, de la Quasi-Légitimité et de la Légitimité;* par le baron Eugène DE **BRAY.** Brochure in-8o de 163 pages, avec couverture imprimée.

LYCÉE, ou *Cours de Littérature ancienne et moderne*, par **J. F. LA HARPE**; précédé d'une notice sur sa vie et ses ouvrages, par **M. SAINT-SURIN.** Nouvelle édition, imprimée sur papier superfin des Vosges. 16 vol. in-8º, avec un beau portrait, gravé sur acier, par Hopwood, au lieu de 80. . . . . 48 fr.

MANUEL COMPLET DU JARDINIER maraîcher, pépiniériste, botaniste, fleuriste et paysagiste; par **M. LOUIS NOISETTE,** membre des sociétés linnéenne de Paris, horticulturales de Londres et de Berlin, d'agriculture et de botanique de Gand; et auteur du Jardin Fruitier. 4 vol. in-8º, accompagné d'un grand nombre de figures; Paris, 1825-1827, 40 fr.

-- Supplément au même ouvrage, 1 vol. in-8º, Paris, 1828, 2 fr.

TRAITÉ DES PRAIRIES NATURELLES ET ARTIFICIELLES, contenant la culture, la description et l'histoire de tous les végétaux propres à fournir des fourrages, avec la figure dessinée et coloriée d'après nature de toutes les espèces appartenant à la classe des graminées. Par **M. BOITARD.** 1 vol. in-8º, orné de 48 planches coloriées. Paris, 1827, 20 fr.

— Le même ouvrage, figures noires, 12 fr.

TRAITÉ DE LA CULTURE DES POMMIERS ET POIRIERS, et de la fabrication du cidre et du poiré, contenant des détails sur la culture des arbres à cidre, une liste synonymique de leurs espèces; suivi d'une statistique des cidres en France, et des moyens de fabriquer le pommé et le poiré; par **M. J. ODOLANT-DESNOS,** secrétaire de la société d'économie domestique, correspondant de l'académie royale des sciences de Caen, de la société d'agriculture d'Evreux, membre de plusieurs autres sociétés, et auteur de divers ouvrages. 1 vol. in-8º avec figures. Paris, 1829, 5 fr.

TRAITÉ DES CHIENS DE CHASSE, contenant l'histoire générale de l'espèce; les soins à prendre pour faire des élèves, croiser les races, entretenir une meute en santé et guérir les maladies; la description des races propres à la chasse, avec la figure de chacune d'elles, et la meilleure méthode pour dresser les chiens. Par un collaborateur du Traité général des chasses. 1 vol. in-8º orné de 16 planches coloriées, Paris, 1827. 12 fr.

—Le même ouvrage, figures noires, 6 fr.

INTRODUCTION A LA VIE DÉVOTE, par saint François de

Sales, évêque de Genève ; nouvelle édition, augmentée d'une Notice historique et bibliographique, par **A. PIHAN DELAFOREST,** et d'un Vocabulaire des mots qui ont vieilli. Un vol. in-18 , avec gravure , papier superfin , 3 fr.

LA COLLÉGIADE , ou la Guerre de Villethierry, poème héroï-comique en six chants, dédié aux Ecoliers; par **N. S. R...** ancien Elève de l'Ecole Normale; précédée d'une Notice sur Villethierry par M. l'abbé BÉRAUD. Seconde édition, revue, corrigée et augmentée. Un vol. in-18, avec une jolie gravure et une couverture imprimée. 3 fr. et 3 fr. 60 cent. par la poste.

GRAMMAIRE GÉNÉRALE ET PHILOSOPHIQUE, précédée d'un Coup-d'œil sur la nature et le mécanisme des langues, par M. le Comte **E. DE MONTLIVAULT,** ancien capitaine des vaisseaux du Roi, avec cette épigraphe : « Le langage exige trois efforts, 1º le re - « tenir, 2º l'appliquer à la pensée, 3º l'analyser. Les animaux s'arrêtent « au premier, le vulgaire au second..... (Rivarol, inédit.) » 1 vol. in-8º, 5 fr.

DE LA NATATION , etc., par M. le vicomte de **COURTIVRON,** chef de bataillon, avec cette épigraphe tirée de Montaigne : « La science « de nager est toujours agréable ; elle est très utile en bien des occa- « sions, elle l'est surtout à la guerre. » Seconde édition , augmentée d'une Préface et ornée de lithographies. 4 fr.

CONSIDÉRATIONS SUR L'ORIGINE , LA RÉDACTION, LA PROMULGATION ET L'EXÉCUTION DE LA CHARTE. Par M. **CLAUSEL DE COUSSERGUES ,** *Conseiller à la Cour de Cassation ,* l'un des Membres de la Commission formée par S. M. LOUIS XVIII dans le sein du Sénat et du Corps-Législatif , pour travailler à la rédaction de la Charte. Un volume in-8º de 500 pages, avec couverture imprimée. 7 fr., et 8 fr. 50 c. par la poste.

HISTOIRE ABRÉGÉE ET CHRONOLOGIQUE *du rétablissement des gouvernemens renversés par des sujets révoltés ou par des usurpateurs.* In-8º, 1 fr. 50 c.

DE LA PATRIE, avec cette épigraphe : *Civitas non est in parietibus, est in aris et focis* (Cic.) 2 fr. 50 c.

DES DANGERS DE L'IMPUNITÉ, in-8º. 1 fr. 50 c.

PROPRIÉTÉS RELIGIEUSES INVIOLABLES ET SACRÉES dans tous les temps , chez tous les peuples, dans toutes les religions, etc. In-8º , 1 fr.

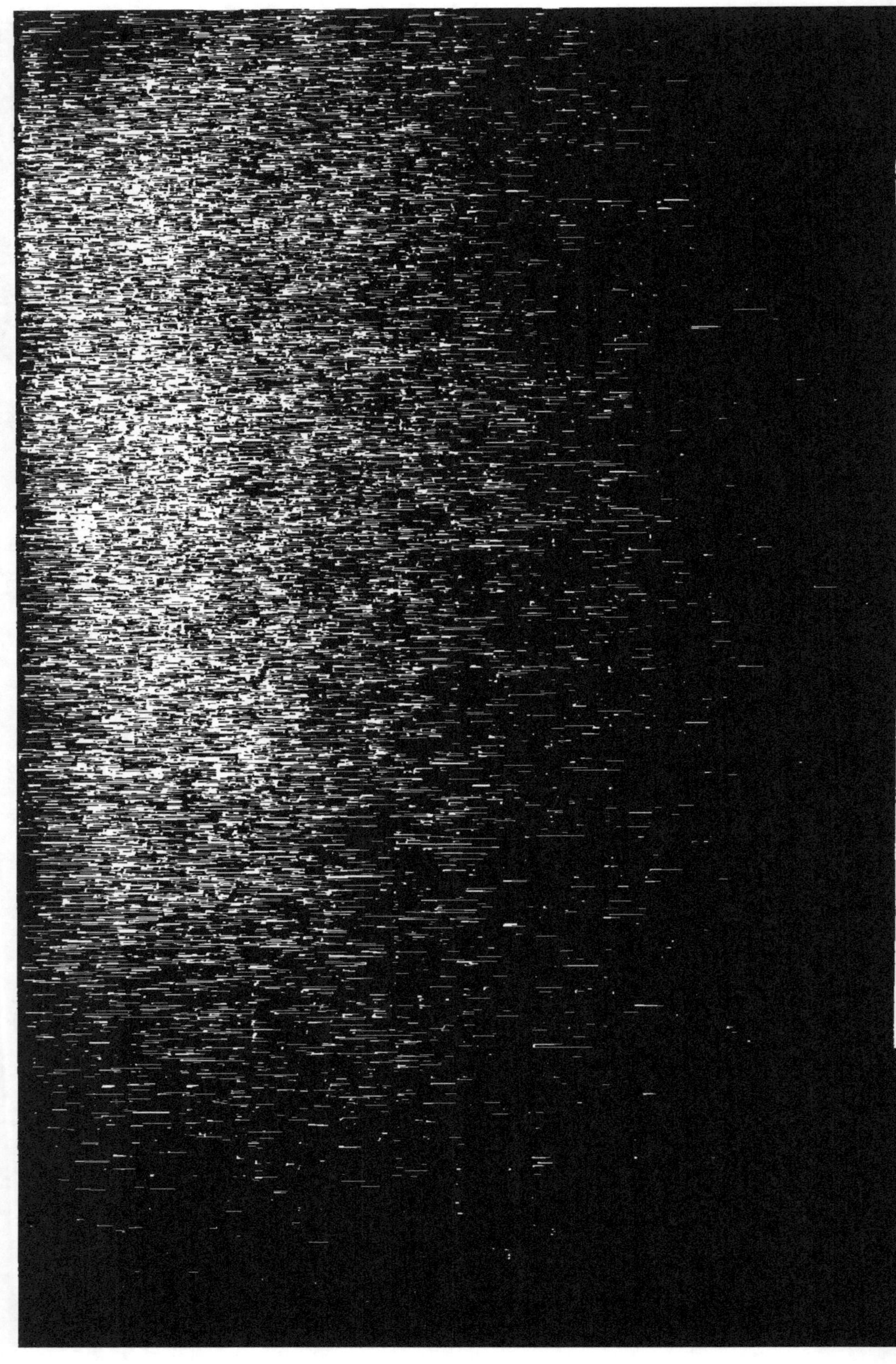

www.ingramcontent.com/pod-product-compliance
Lightning Source LLC
Chambersburg PA
CBHW061249030726
47595CB00004B/1772